THIS READING LOG
BELONGS TO

_____

THIS WEEK I AM READING...

_____

_____

_____

_____

_____

_____

_____

_____

_____

_____

_____

_____

_____

_____

_____

_____

WEEK OF _____

DAY	MINUTES READ
SUNDAY	_____
MONDAY	_____
TUESDAY	_____
WEDNESDAY	_____
THURSDAY	_____
FRIDAY	_____
SATURDAY	_____
TOTAL WEEKLY MINUTES	_____

THIS WEEK I AM READING...

_____

_____

_____

_____

_____

_____

_____

_____

_____

_____

_____

_____

_____

_____

_____

_____

_____

WEEK OF _____

DAY	MINUTES READ
SUNDAY	_____
MONDAY	_____
TUESDAY	_____
WEDNESDAY	_____
THURSDAY	_____
FRIDAY	_____
SATURDAY	_____
TOTAL WEEKLY MINUTES	_____

THIS WEEK I AM READING...

_____

_____

_____

_____

_____

_____

_____

_____

_____

_____

_____

_____

_____

_____

_____

_____

_____

_____

_____

WEEK OF _____

DAY	MINUTES READ
SUNDAY	_____
MONDAY	_____
TUESDAY	_____
WEDNESDAY	_____
THURSDAY	_____
FRIDAY	_____
SATURDAY	_____
TOTAL WEEKLY MINUTES	_____

THIS WEEK I AM READING...

WEEK OF _____

DAY	MINUTES READ
SUNDAY	_____
MONDAY	_____
TUESDAY	_____
WEDNESDAY	_____
THURSDAY	_____
FRIDAY	_____
SATURDAY	_____
TOTAL WEEKLY MINUTES	_____

THIS WEEK I AM READING...

_____

_____

_____

_____

_____

_____

_____

_____

_____

_____

_____

_____

_____

_____

_____

_____

_____

_____

WEEK OF _____

DAY	MINUTES READ
SUNDAY	_____
MONDAY	_____
TUESDAY	_____
WEDNESDAY	_____
THURSDAY	_____
FRIDAY	_____
SATURDAY	_____
TOTAL WEEKLY MINUTES	_____

THIS WEEK I AM READING...

_____

_____

_____

_____

_____

_____

_____

_____

_____

_____

_____

_____

_____

_____

_____

_____

_____

_____

_____

_____

_____

_____

WEEK OF _____

DAY	MINUTES READ
SUNDAY	_____
MONDAY	_____
TUESDAY	_____
WEDNESDAY	_____
THURSDAY	_____
FRIDAY	_____
SATURDAY	_____
TOTAL WEEKLY MINUTES	_____

THIS WEEK I AM READING...

_____

_____

_____

_____

_____

_____

_____

_____

_____

_____

_____

_____

_____

_____

_____

_____

_____

_____

WEEK OF _____

DAY	MINUTES READ
SUNDAY	_____
MONDAY	_____
TUESDAY	_____
WEDNESDAY	_____
THURSDAY	_____
FRIDAY	_____
SATURDAY	_____
TOTAL WEEKLY MINUTES	_____

THIS WEEK I AM READING...

_____

_____

_____

_____

_____

_____

_____

_____

_____

_____

_____

_____

_____

_____

_____

_____

_____

_____

WEEK OF _____

DAY	MINUTES READ
SUNDAY	_____
MONDAY	_____
TUESDAY	_____
WEDNESDAY	_____
THURSDAY	_____
FRIDAY	_____
SATURDAY	_____
TOTAL WEEKLY MINUTES	_____

THIS WEEK I AM READING...

_____

_____

_____

_____

_____

_____

_____

_____

_____

_____

_____

_____

_____

_____

_____

_____

_____

_____

_____

WEEK OF _____

DAY	MINUTES READ
SUNDAY	_____
MONDAY	_____
TUESDAY	_____
WEDNESDAY	_____
THURSDAY	_____
FRIDAY	_____
SATURDAY	_____
TOTAL WEEKLY MINUTES	_____

THIS WEEK I AM READING...

_____

_____

_____

_____

_____

_____

_____

_____

_____

_____

_____

_____

_____

_____

_____

_____

_____

_____

WEEK OF _____

DAY	MINUTES READ
SUNDAY	_____
MONDAY	_____
TUESDAY	_____
WEDNESDAY	_____
THURSDAY	_____
FRIDAY	_____
SATURDAY	_____
TOTAL WEEKLY MINUTES	_____

THIS WEEK I AM READING...

_____

_____

_____

_____

_____

_____

_____

_____

_____

_____

_____

_____

_____

_____

_____

_____

_____

_____

WEEK OF _____

DAY	MINUTES READ
SUNDAY	_____
MONDAY	_____
TUESDAY	_____
WEDNESDAY	_____
THURSDAY	_____
FRIDAY	_____
SATURDAY	_____
TOTAL WEEKLY MINUTES	_____

THIS WEEK I AM READING...

_____

_____

_____

_____

_____

_____

_____

_____

_____

_____

_____

_____

_____

_____

_____

_____

_____

_____

_____

_____

WEEK OF _____

DAY	MINUTES READ
SUNDAY	_____
MONDAY	_____
TUESDAY	_____
WEDNESDAY	_____
THURSDAY	_____
FRIDAY	_____
SATURDAY	_____
TOTAL WEEKLY MINUTES	_____

THIS WEEK I AM READING...

_____

_____

_____

_____

_____

_____

_____

_____

_____

_____

_____

_____

_____

_____

_____

_____

WEEK OF _____

DAY	MINUTES READ
SUNDAY	_____
MONDAY	_____
TUESDAY	_____
WEDNESDAY	_____
THURSDAY	_____
FRIDAY	_____
SATURDAY	_____
TOTAL WEEKLY MINUTES	_____

THIS WEEK I AM READING...

_____

_____

_____

_____

_____

_____

_____

_____

_____

_____

_____

_____

_____

_____

_____

_____

_____

WEEK OF _____

DAY	MINUTES READ
SUNDAY	_____
MONDAY	_____
TUESDAY	_____
WEDNESDAY	_____
THURSDAY	_____
FRIDAY	_____
SATURDAY	_____
TOTAL WEEKLY MINUTES	_____

THIS WEEK I AM READING...

_____

_____

_____

_____

_____

_____

_____

_____

_____

_____

_____

_____

_____

_____

WEEK OF _____

DAY	MINUTES READ
SUNDAY	_____
MONDAY	_____
TUESDAY	_____
WEDNESDAY	_____
THURSDAY	_____
FRIDAY	_____
SATURDAY	_____
TOTAL WEEKLY MINUTES	_____

THIS WEEK I AM READING...

_____

_____

_____

_____

_____

_____

_____

_____

_____

_____

_____

_____

_____

_____

_____

WEEK OF _____

DAY	MINUTES READ
SUNDAY	_____
MONDAY	_____
TUESDAY	_____
WEDNESDAY	_____
THURSDAY	_____
FRIDAY	_____
SATURDAY	_____
TOTAL WEEKLY MINUTES	_____

THIS WEEK I AM READING...

_____

_____

_____

_____

_____

_____

_____

_____

_____

_____

_____

_____

_____

_____

_____

_____

WEEK OF _____

DAY	MINUTES READ
SUNDAY	_____
MONDAY	_____
TUESDAY	_____
WEDNESDAY	_____
THURSDAY	_____
FRIDAY	_____
SATURDAY	_____
TOTAL WEEKLY MINUTES	_____

THIS WEEK I AM READING...

_____

_____

_____

_____

_____

_____

_____

_____

_____

_____

_____

_____

_____

_____

_____

_____

_____

_____

_____

WEEK OF _____

DAY	MINUTES READ
SUNDAY	_____
MONDAY	_____
TUESDAY	_____
WEDNESDAY	_____
THURSDAY	_____
FRIDAY	_____
SATURDAY	_____
TOTAL WEEKLY MINUTES	_____

THIS WEEK I AM READING...

_____

_____

_____

_____

_____

_____

_____

_____

_____

_____

_____

_____

_____

_____

_____

_____

_____

WEEK OF _____

DAY	MINUTES READ
SUNDAY	_____
MONDAY	_____
TUESDAY	_____
WEDNESDAY	_____
THURSDAY	_____
FRIDAY	_____
SATURDAY	_____
TOTAL WEEKLY MINUTES	_____

THIS WEEK I AM READING...

_____

_____

_____

_____

_____

_____

_____

_____

_____

_____

_____

_____

_____

_____

_____

_____

_____

WEEK OF _____

DAY	MINUTES READ
SUNDAY	_____
MONDAY	_____
TUESDAY	_____
WEDNESDAY	_____
THURSDAY	_____
FRIDAY	_____
SATURDAY	_____
TOTAL WEEKLY MINUTES	_____

THIS WEEK I AM READING...

_____

_____

_____

_____

_____

_____

_____

_____

_____

_____

_____

_____

_____

_____

_____

_____

_____

_____

WEEK OF _____

DAY	MINUTES READ
SUNDAY	_____
MONDAY	_____
TUESDAY	_____
WEDNESDAY	_____
THURSDAY	_____
FRIDAY	_____
SATURDAY	_____
TOTAL WEEKLY MINUTES	_____

THIS WEEK I AM READING...

_____

_____

_____

_____

_____

_____

_____

_____

_____

_____

_____

_____

_____

_____

_____

_____

WEEK OF _____

DAY	MINUTES READ
SUNDAY	_____
MONDAY	_____
TUESDAY	_____
WEDNESDAY	_____
THURSDAY	_____
FRIDAY	_____
SATURDAY	_____
TOTAL WEEKLY MINUTES	_____

THIS WEEK I AM READING...

_____

_____

_____

_____

_____

_____

_____

_____

_____

_____

_____

_____

_____

_____

_____

_____

WEEK OF _____

DAY	MINUTES READ
SUNDAY	_____
MONDAY	_____
TUESDAY	_____
WEDNESDAY	_____
THURSDAY	_____
FRIDAY	_____
SATURDAY	_____
TOTAL WEEKLY MINUTES	_____

THIS WEEK I AM READING...

_____

_____

_____

_____

_____

_____

_____

_____

_____

_____

_____

_____

_____

_____

_____

_____

_____

WEEK OF _____

DAY	MINUTES READ
SUNDAY	_____
MONDAY	_____
TUESDAY	_____
WEDNESDAY	_____
THURSDAY	_____
FRIDAY	_____
SATURDAY	_____
TOTAL WEEKLY MINUTES	_____

THIS WEEK I AM READING...

_____

_____

_____

_____

_____

_____

_____

_____

_____

_____

_____

_____

_____

_____

_____

_____

_____

_____

WEEK OF _____

DAY	MINUTES READ
SUNDAY	_____
MONDAY	_____
TUESDAY	_____
WEDNESDAY	_____
THURSDAY	_____
FRIDAY	_____
SATURDAY	_____
TOTAL WEEKLY MINUTES	_____

THIS WEEK I AM READING...

_____

_____

_____

_____

_____

_____

_____

_____

_____

_____

_____

_____

_____

_____

_____

_____

_____

WEEK OF _____

DAY	MINUTES READ
SUNDAY	_____
MONDAY	_____
TUESDAY	_____
WEDNESDAY	_____
THURSDAY	_____
FRIDAY	_____
SATURDAY	_____
TOTAL WEEKLY MINUTES	_____

THIS WEEK I AM READING...

_____

_____

_____

_____

_____

_____

_____

_____

_____

_____

_____

_____

_____

_____

_____

WEEK OF _____

DAY	MINUTES READ
SUNDAY	_____
MONDAY	_____
TUESDAY	_____
WEDNESDAY	_____
THURSDAY	_____
FRIDAY	_____
SATURDAY	_____
TOTAL WEEKLY MINUTES	_____

THIS WEEK I AM READING...

_____

_____

_____

_____

_____

_____

_____

_____

_____

_____

_____

_____

_____

_____

_____

_____

WEEK OF _____

DAY	MINUTES READ
SUNDAY	_____
MONDAY	_____
TUESDAY	_____
WEDNESDAY	_____
THURSDAY	_____
FRIDAY	_____
SATURDAY	_____
TOTAL WEEKLY MINUTES	_____

THIS WEEK I AM READING...

_____

_____

_____

_____

_____

_____

_____

_____

_____

_____

_____

_____

_____

_____

_____

_____

WEEK OF _____

DAY	MINUTES READ
SUNDAY	_____
MONDAY	_____
TUESDAY	_____
WEDNESDAY	_____
THURSDAY	_____
FRIDAY	_____
SATURDAY	_____
TOTAL WEEKLY MINUTES	_____

THIS WEEK I AM READING...

_____

_____

_____

_____

_____

_____

_____

_____

_____

_____

_____

_____

_____

_____

_____

_____

WEEK OF _____

DAY	MINUTES READ
SUNDAY	_____
MONDAY	_____
TUESDAY	_____
WEDNESDAY	_____
THURSDAY	_____
FRIDAY	_____
SATURDAY	_____
TOTAL WEEKLY MINUTES	_____

THIS WEEK I AM READING...

_____

_____

_____

_____

_____

_____

_____

_____

_____

_____

_____

_____

_____

_____

_____

_____

_____

_____

WEEK OF _____

DAY	MINUTES READ
SUNDAY	_____
MONDAY	_____
TUESDAY	_____
WEDNESDAY	_____
THURSDAY	_____
FRIDAY	_____
SATURDAY	_____
TOTAL WEEKLY MINUTES	_____

THIS WEEK I AM READING...

_____

_____

_____

_____

_____

_____

_____

_____

_____

_____

_____

_____

_____

_____

_____

_____

WEEK OF _____

DAY	MINUTES READ
SUNDAY	_____
MONDAY	_____
TUESDAY	_____
WEDNESDAY	_____
THURSDAY	_____
FRIDAY	_____
SATURDAY	_____
TOTAL WEEKLY MINUTES	_____

THIS WEEK I AM READING...

_____

_____

_____

_____

_____

_____

_____

_____

_____

_____

_____

_____

_____

_____

_____

_____

WEEK OF _____

DAY	MINUTES READ
SUNDAY	_____
MONDAY	_____
TUESDAY	_____
WEDNESDAY	_____
THURSDAY	_____
FRIDAY	_____
SATURDAY	_____
TOTAL WEEKLY MINUTES	_____

THIS WEEK I AM READING...

_____

_____

_____

_____

_____

_____

_____

_____

_____

_____

_____

_____

_____

_____

_____

_____

WEEK OF _____

DAY	MINUTES READ
SUNDAY	_____
MONDAY	_____
TUESDAY	_____
WEDNESDAY	_____
THURSDAY	_____
FRIDAY	_____
SATURDAY	_____
TOTAL WEEKLY MINUTES	_____

THIS WEEK I AM READING...

_____

_____

_____

_____

_____

_____

_____

_____

_____

_____

_____

_____

_____

_____

_____

_____

_____

_____

WEEK OF _____

DAY	MINUTES READ
SUNDAY	_____
MONDAY	_____
TUESDAY	_____
WEDNESDAY	_____
THURSDAY	_____
FRIDAY	_____
SATURDAY	_____
TOTAL WEEKLY MINUTES	_____

THIS WEEK I AM READING...

_____

_____

_____

_____

_____

_____

_____

_____

_____

_____

_____

_____

_____

_____

WEEK OF _____

DAY	MINUTES READ
SUNDAY	_____
MONDAY	_____
TUESDAY	_____
WEDNESDAY	_____
THURSDAY	_____
FRIDAY	_____
SATURDAY	_____
TOTAL WEEKLY MINUTES	_____

If you enjoy this journal, please leave a review!
If you have feedback, we'd love to hear from you!

Hello@BeSimpleBeHappy.com

THANK YOU!

Made in the USA
Las Vegas, NV
06 January 2022

40419440R00046